INVENTAIRE
G 8034

DE

# L'ORIGINE DE L'HOMME.

# DE
# L'ORIGINE DE L'HOMME.

Messieurs,

Dans une de vos dernières séances, un de nos confrères exerçant sa spirituelle critique contre certain adverbe, rappelait, en même temps, chacun de nous à son devoir envers l'Académie.

Plusieurs ont répondu à cet appel; je m'exécute aussi, et c'est conscience, car il y a longtemps que je suis dans mon tort.

Je veux chercher quelle est l'origine de l'homme : question bien ancienne, sans doute, et bien épineuse, question bien remuée, et qui a enfanté d'innombrables écrits. Mais, n'importe! puisqu'elle n'est point résolue, à notre tour essayons d'un système.

J'ai hâte de vous prévenir, qu'en si grave matière, je n'entends attaquer aucunement les croyances religieuses généralement respectées; que j'entends au contraire m'en faire un appui.

Je vous préviens encore, pour que vous ne soyez pris de peur, que je n'ai nulle intention d'analyser la masse indigeste des écrits dont je vous ai parlé; mais seulement d'étudier quelques mots de la langue, qui m'ont frappé particulièrement, et m'ont paru propres à faire marcher le problème vers une heureuse solution.

Où donc l'homme est-il né?

J'ouvre la Bible, cette source sacrée de tout savoir humain, et je lis, Genèse, chapitre 2, versets 8 et suivants :

« Or, le Seigneur Dieu avait planté dès le commence-
» ment un jardin délicieux, dans lequel il mit l'homme
» qu'il avait formé.

» 9. Le Seigneur Dieu avait aussi produit de la terre
» toutes sortes d'arbres beaux à la vue, et dont le fruit
» était agréable au goût, et l'*Arbre de vie* au milieu du
» *Paradis*, avec l'*Arbre de la science du bien et du mal*.

» 10. Dans ce lieu de délices, il sortait de la terre un
» fleuve pour arroser le Paradis; et de là le fleuve se divise
» en quatre canaux:

» 11. L'un s'appelle Phison, et c'est celui qui coule
» tout autour du pays de Hevilath, où il vient de l'or,

» 12. Et l'or de cette terre est très-bon. C'est là aussi
» que se trouve le bdellion et la pierre d'onyx;

» 13. Le second fleuve s'appelle Géhon, et c'est celui
» qui coule tout autour du pays d'Éthiopie;

» 14. Le troisième fleuve s'appelle le Tigre, qui se
» répand vers les Assyriens; et l'Euphrate est le qua-
» trième de ces fleuves. »

Ce sont là des indications sinon précises, du moins d'une grande valeur, au moyen desquelles il doit être possible de retrouver le terrain même où les premiers pas de l'homme furent imprimés.

Remarquez l'immense étendue du Paradis terrestre : il comprenait cette vaste contrée de l'Afrique, où le fleuve Géhon, le Nil nécessairement, prend ses sources, qu'il embrasse et qu'il arrose de ses eaux; région qui formait l'ancienne Éthiopie dans tous ses développements, depuis les monts de la Lune jusqu'au détroit situé à l'entrée de la mer Rouge; région dont l'Égypte, alors en partie submergée par le fleuve, était une dépendance.

Aucun doute, à mon avis, n'est permis au sujet du Nil, bien que quelques géographes aient pensé que le *Géhon* n'était autre que le *Phase* ou l'Araxe qui sort du mont Ararat et débouche dans la mer Caspienne.

L'indication de la Bible est trop nette pour ne pas l'accepter dans son sens le plus naturel. Elle nomme l'*Éthiopie,* et Moïse qui était né en Égypte, qui avait été nourri de la science des prêtres égyptiens, qui avait reçu les révélations de Dieu, ne pouvait se tromper sur la situation de l'*Éthiopie.*

D'un autre côté, en Asie, ce jardin délicieux donnait naissance à l'Euphrate et au Tigre. Ces fleuves partant des montagnes qui séparent les bassins de la mer Noire et de la mer Caspienne, et dont les eaux se rapprochent et se fondent, promenaient leurs cours dans les vastes plaines de l'Assyrie, pour se perdre ensuite dans le golfe Persique.

Tous ces points établis par la Bible, offrent peu de difficultés; mais l'incertitude est permise lorsqu'il s'agit du fleuve Phison, qui coule, suivant l'Écriture, dans le pays de Hevilath.

Les uns en ont fait l'Oxus, fleuve de la Bactriane, qui se jetait autrefois dans la mer Caspienne, et qui se jette aujourd'hui dans la mer d'Aral.

D'autres ont pris pour le Phison, un petit fleuve du versant du Caucase, se jetant dans la mer Noire.

Il y en a qui ont pensé que c'est à l'Araxe qu'il faut attribuer le nom de Phison, détruisant ainsi l'opinion de ceux qui le donnaient à l'Oxus.

Errant au milieu de ces ténèbres, je me suis dit: ce fleuve Phison ne serait-il pas l'Indus? et j'ai fini par le croire.

Mais la preuve à l'appui de cette opinion?

La preuve...! Quoiqu'on ait écrit à ce sujet, je rejette tout autre guide que la Bible, et voici les preuves qu'elle fournit.

Mais avant d'en venir aux preuves, remarquez que la question, bien que difficile, a des limites; car il n'est pas douteux que le premier homme a pris naissance dans cette portion du globe fort étendue, il est vrai, mais que la Bible délimite exactement; que la question se réduit donc à savoir quelle est, dans cette immense étendue assignée par le Créateur à l'homme, pour son Paradis, la contrée qui, la première, fut foulée sous ses pieds.

La première!... ce fut probablement celle que la Bible

décrit en premier lieu : *C'est la terre de Hevilath où il vient de l'or.*

Eh bien, je dis que cette contrée est la terre qu'abreuvent les eaux de l'Indus, qu'elle est l'Inde en un mot ; que le fleuve Phison ne peut être autre que l'Indus et que la terre de Hevilath est devenue l'Inde du nom donné par les hommes au fleuve *qui coule tout autour,* comme le dit la Sainte-Ecriture.

A quelle autre partie de ce premier monde pourrait-on, en effet, appliquer cette désignation si explicite : *que l'or vient dans ce pays,* que l'or de cette terre est très-bon ; que c'est là où se trouve le bdellion et la pierre d'onyx, c'est-à-dire le diamant et une autre pierre précieuse, moins facile à indiquer exactement ?

Quant à faire du bdellion le diamant nulle difficulté, puisque la traduction de *bdellium* donne escarboucle et cristal ; puisque le latin qui nous transmet ce mot est *carbunculus,* du grec χαρφω (sécher). Or, le latin, comme le grec, prenait racine dans les langues orientales, lesquelles, dès-lors, représentaient le diamant comme un carbone, et c'est précisément ce que la science moderne nous enseigne.

Pour l'onyx, on peut admettre que Moïse, par ce terme, a désigné le rubis ; car le rubis, qui est si voisin du diamant, était l'anthrax des anciens ; ils l'appelaient aussi escarboucle ; c'était donc pour eux un autre charbon. Le rubis oriental est d'ailleurs le plus anciennement connu et le plus estimé de tous les rubis. Au surplus, une réflexion décide, suivant moi, la question : c'est que Moïse, si savant et si bon logicien, ne nommant que deux pierres, a dû nommer les plus précieuses de toutes : le diamant et le rubis oriental.

Il n'y a pas grands frais de recherches à faire pour établir que dès la plus haute antiquité l'or et les pierres précieuses se tiraient de diverses contrées de l'Inde.

Les plus anciennes mines se trouvent vers les sources de l'Indus. Tavernier rapporte que dans le Thibet et au-delà du royaume de Cachemire, il y a trois montagnes, dont l'une produit de l'or, la seconde des grenats, et la troisième du lapis. C'est justement ce pays que parcourt l'Indus supérieur. On sait qu'il prend sa source dans le massif de l'Ilimalaya, et le traverse au nord du pays de Cachemire. Mais un autre témoignage vient encore donner de la force à l'opinion que je soutiens, c'est le nom même du pays, retenu dans la langue parlée ; ce nom est *djamboudwipa* qui signifie l'île de l'arbre ; *djambou*, c'est-à-dire de *l'arbre par excellence*.

N'est-ce pas plus qu'il n'en faut pour montrer avec quel respect se conserve, de génération en génération, le souvenir de *l'arbre* de la science du bien et du mal !...

Ces preuves, à la rigueur, seules suffiraient pour faire reconnaître le lieu où l'homme fut créé. D'autres viennent les corroborer, et celles-ci ne sont pas moins incontestables ; je les puise, ainsi que je l'ai annoncé, dans notre propre langue.

Mais d'abord, faisons cette observation : que l'homme, comme tous les animaux, éprouve un penchant très-prononcé à retourner au lieu de sa naissance.

Le lièvre, le cerf, le loup même, sont-ils poursuivis ?

après d'immenses circuits ils reviennent au gîte où presque toujours la mort les attend.

La science du chasseur est en partie fondée sur cette connaissance des allures du gibier.

L'homme quitte sa patrie pour faire fortune, mais jamais il ne perd le souvenir du sol qui fut son berceau, et de ce constant souvenir, il naît parfois une maladie qui n'a de remède que le retour au pays, où qui ne se termine que par la mort.

Telle l'aiguille aimantée de la boussole qui, malgré les écarts qu'un doigt lui impose, revient avec prestesse, rendue à la liberté, présenter sa flèche au pôle nord; tel l'homme, forcément éloigné de sa terre natale, y reporte sans cesse sa pensée et ses regards, et retourne dès qu'il le peut au pays d'où il vient.

C'est ce que montre avec une grande énergie le mot latin *inde* (de là), dont la ressemblance avec le nom du pays d'où l'homme tire son origine est trop frappante pour qu'il soit nécessaire de la mettre en relief. *Inde* signifie donc *le pays d'où vient l'homme*.

Tous ceux qui se sont quelque peu livrés à l'étude de la linguistique, savent avec quelle puissance de tradition certains mots primitifs, certains actes de la vie des peuples se transmettent aux générations les plus reculées.

Ne retrouvons-nous pas dans notre langue, disons mieux, dans notre patois, des mots dont les racines sont incontestablement dans les langues orientales!

Je n'en veux donner que quelques exemples.

Le mot patois *bacon* ou *bocon*, que nous traduisons par lard, et qui désigne une des premières nourritures de l'homme, se retrouve dans l'anglais, *bacon ;* il est le même dans la langue des Gaëls ; il est par conséquent d'origine celtique et nous est venu d'Orient, comme tous nos vieux mots dont l'origine se perd dans la nuit des temps, transportés par ces migrations nombreuses qui ont successivement peuplé l'Europe, et dont l'histoire nous conserve de curieux et terribles récits.

Faut-il rappeler ici que des trois grandes invasions des peuples asiatiques, celle d'Attila fut la dernière ; à moins qu'on ne tienne compte de cette invasion que nousmêmes avons eu le malheur de voir, lors de l'occupation de la France par les Russes, suivis de ces tribus caucasiennes, dont la saisissante image est encore présente à nos yeux.

Il y avait cependant une notable différence entre les précédentes invasions et celle que nous avons vue ; celle-ci s'est faite avec des armées composées d'hommes seulement, tandis qu'autrefois c'étaient des nations tout entières qui se transportaient au loin, hommes, femmes et enfants, ainsi que le remarque M. Moreau de Jonnès.

La Bible nous fait voir la nation juive sortant d'Égypte (dit ce savant statisticien), pour aller à la recherche de la terre promise ; nation qui se composait alors de six cent trente-trois mille cinq cent cinquante hommes, *tous en état de porter les armes,* sans compter la tribu de Lévi, ni les vieillards, ni les femmes, ni les enfants ; nation qui devait, par conséquent, monter à quinze cent mille, ou peut-être à dix-huit cent mille individus ; on peut dire même, d'après les chiffres donnés, que le nombre de deux millions aurait été dépassé, si l'on pouvait supposer des conditions d'existence semblables à celles où nous vivons aujourd'hui.

De même, les nations asiatiques se déplaçaient en grandes masses, faisant voyager avec elles toutes leurs richesses et surtout leurs troupeaux; les transplantant en quelque sorte, ainsi que leur langue et leurs usages, dans les pays où elles se fixaient.

Combien de mots dont les racines sont perdues, et qui n'ont point d'autre source que le langage apporté par ces peuples errants !

On peut être certain que tous les mots français qui ont leurs analogues dans l'anglais et dans l'allemand, remontent à cette origine; ils servent, pour la plupart, à désigner des objets relatifs aux premiers besoins matériels.

J'ai cité, tout-à-l'heure, le mot *bacon*, par la même raison on peut citer le mot allemand *wasser*, en anglais *water*, signifiant eau, mais dont l'analogue en français est *vase, eau bourbeuse*, l'origine latine s'étant appliquée à l'eau potable.

Une origine qu'il m'a paru assez curieux de mettre au jour, c'est celle du mot *soulier*.

En anglais, ce mot se traduit par *shoe*, en allemand, par *schüh;* nous sommes loin, vous le voyez, de cette racine au mot *soulier;* mais je ne forge rien, croyez-moi, je me borne à prendre l'étymologie sur le fait, et pour vous le prouver, je me presse d'exhumer un vieux mot effacé de nos dictionnaires, et qui ne se retrouve plus que dans le langage familier des nourrices et des bonnes d'enfants: c'est le terme *chau-chau*, qui est évidemment la racine de tout ce qui se chausse, comme des hauts-de-chausse et des bas-de-chausse.

Ajoutons, pour compléter l'histoire de cette expression singulière, que si le temps a fait disparaître le radical, il a transformé en mot générique celui qui n'était là que pour spécialiser certaine partie de la chaussure; c'est ainsi que nous disons, par abréviation, *bas*, pour *bas-de-chausse*, et *soulier*, pour *chaussure sous-liée*.

Parmi les mots qui n'appartiennent plus qu'à des traditions populaires, et qui décèlent l'origine indienne de notre langue, on pourrait citer le mot *boudique*, qui sert à désigner, dans le langage des *gamins*, les figures grossières de l'homme. N'est-ce pas une réminiscence de cette grande image indienne de Bouddha, haute personnification de l'homme dans son essence la plus parfaite? Mais comme cette image nous a été transmise par les races Thibétaines et Mongoles, celles-là mêmes qui ont dû grossir le plus les migrations des peuples asiatiques, ainsi que le témoignent un grand nombre de villes dont les noms reproduisent les radicaux *b* et *d*, lesquelles se lisent dans Bude, etc., cette image ne nous est parvenue qu'altérée dans les figures façonnées par ces peuples grossiers.

Ce que ceci tend à démontrer, c'est que les traditions sont douées d'une persistance extraordinaire.

Nous en avons sous les yeux un exemple bien digne d'attention, qui nous est donné par les membres épars de la nation juive. N'a-t-elle pas fidèlement conservé ses formules antiques, malgré les nombreuses et cruelles persécutions qu'on lui a fait subir?

Si nous fixons nos regards sur des faits plus rapprochés

de nous, ils nous prouvent également combien est naturel à l'homme l'attachement aux traditions.

Nous savons qu'au parlement anglais, les formules en langue française (cela s'entend de la langue parlée à l'époque de la conquête), sont encore en usage de nos jours.

Aux environs de Berlin, on cite un village dont les habitants, émigrés par suite de la révocation de l'édit de Nantes, continuent de faire usage du français, malgré le milieu germanique dans lequel ils vivent depuis plus de cent cinquante ans.

Beaucoup d'entre nous n'ont-ils pas encore entendu nos laitières crier, dans les rues de Metz, *hauri-laèce,* vieux cri dont l'origine est romaine : *puisez le lait,* du verbe *hauriri,* puiser, et de *lac,* lait, en patois, *lacè.*

Qui ne connaît ce qu'on appelle un almanach?

Un des premiers besoins des peuples, dans l'ordre intellectuel, a été de posséder la connaissance des temps, et grâce aux Chaldéens, ce besoin est aussi un des premiers qui se soient trouvés satisfaits.

Le mot almanach, appartient bien assurément aux langues sémitiques ; tout annonce que c'est par le Celte qu'il a passé dans notre langue ; et quant à sa signification, je trouve dans l'Annuaire du Bureau des Longitudes, pour 1850, qu'almanach a pour racine le mot persan *mann,* qui veut dire *lune,* que la syllabe *al* qui le précède, se traduit par *tout,* que le mot entier signifie tableau de toutes les lunes, car autrefois c'est par lunaison que l'on supputait le temps.

Une remarque mérite d'être faite ici, c'est que la valeur primitive de ce mot était assez bien comprise, pour qu'on nommât *maniaques* ou *lunatiques*, ceux qui étaient sujets à des manies, à certains accès de folie, lesquels, croyait-on, dépendaient des phases de la lune.

Notez encore que les mots *mann* et *all*, se retrouvent dans l'allemand et dans l'anglais, ayant la même signification, avec cette différence seulement que l'acception s'est généralisée, *man* signifiant *homme;* ce qui établirait, peut-être, que dans la simplicité primitive, on considérait tous les hommes comme fous ou comme tombés de la lune.

Les langues puînées ont, il est vrai, rectifié ces idées; elles ont tiré le mot *homme*, du latin, *homo*, semblable au mot *humus*, qui signifie *terre*, expression plus conforme aux saines traditions, lesquelles nous enseignent que Dieu a créé l'homme du limon de la terre.

La persistance des usages antiques n'est pas moins étonnante que celle du langage. Quoi de plus curieux que de voir se conserver, dans nos campagnes, après tant de siècles, et surtout après tant d'évènements divers, des traces sensibles du culte du feu?

On sait qu'à l'époque de la saint Jean, vers le solstice d'été, de grands feux s'allument dans les champs, et que hommes et femmes s'élancent au travers des flammes, pour s'y purifier. Suivant leurs croyances bien arrêtées, cette cérémonie les exempte du mal de reins, dans les travaux de la coupe des foins et de la moisson.

Ils se livrent en cercle à la danse, en réjouissance de l'ardeur du soleil, tradition chaldéenne du culte des Guèbres, importée sans doute par les migrations des peuples tatars qui, de nos jours encore, sont adonnés à ce culte.

Et cette autre fête qu'on nomme le *tue-chien*, et qui vient clore les travaux de la moisson !... Elle se célèbre à la suite des jours caniculaires. On s'y réjouit à la fois, et de l'heureuse rentrée des récoltes, et de la fin des chaleurs dévorantes. En cette occasion, les Romains sacrifiaient un chien roux ; aujourd'hui c'est un chat, innovation due sans doute à l'adoucissement des mœurs.

La tradition en souffre beaucoup, il faut l'avouer, car le chien occupe dans le ciel une place distinguée. La constellation dont il fait partie se levant, pour nous, à l'époque des grandes chaleurs, annonçait autrefois le débordement du Nil sur la terre d'Egypte. C'était Osiris, lui-même, manifestant sa puissance fécondante, et dont le nom s'est transformé en Siris et en Sirius. Sirius, comme un chien fidèle, avertissait les Egyptiens qu'ils eussent à se tenir sur leur garde contre le débordement.

Ce chien était encore celui dont Procris fit présent à Céphale, son époux, après l'avoir reçu elle-même de Minos qui le tenait de Jupiter. Cet animal si célèbre était chargé de la garde de la blanche Europe, lorsqu'elle fut enlevée par le maître des dieux.

Les traditions ont un caractère si tenace, qu'au rapport de plusieurs, naguère encore, dans quelques vignobles de la Moselle, sous la dénomination du mariage de Tontiche et Pelé, se jouait la parodie des noces de Thétis et Pélée. Fête qui ne se passait pas, comme on peut le penser, sans une immense quantité d'eau employée en ablutions forcées, à la grande joie des spectateurs, et en souvenir de la souveraine des mers.

Qu'est-ce donc que la danse des Trimazeaux, que nous voyons se renouveler chaque année aux premiers jours de mai, le troisième mois de l'année sidérale, comme de l'ancienne année des Romains? Quelle fête ces jeunes filles de nos villages, parées de leurs plus beaux habits, ornées de rubans aux couleurs vives et variées, célèbrent-elles par leurs danses figurées? C'est la fête de la Nature même, dans la saison où se revêtant de sa brillante parure de fleurs, promesses et gages de fruits bienfaisants, elle signale son réveil par les transports amoureux de tout ce qui a vie sur la terre; ce sont les mystères de la Maïa, puissance génératrice, divinité révérée des Romains, des Grecs et des Indous.

Ces traditions, qui remontent aux premiers temps du monde, n'ont pu s'introduire dans nos mœurs que par les immigrations des peuples, qui, eux-mêmes, possédaient les usages que nous voyons se perpétuer parmi nous.

Elles justifieront, je l'espère, l'explication que je hasarde sur certains mots de notre langue, qui sont restés comme de vieux témoins de l'origine de l'homme, et comme autant de preuves que l'Inde fut en effet la première station qu'il fit sur la terre.

Les Latins, recevant des Grecs, dont la langue se parlait en Orient, et particulièrement dans l'Asie-Mineure, le mot Indè, tiré de ινδος, *fleuve Indus*, ινδοι, *les Indiens*, ινδικος, *venu de l'Inde* (nom que nous avons conservé à l'indigo, couleur bleue si connue), et les Latins nous le transmettant après l'avoir reçu, nous avons appelé *Indiens* ou *indigènes* les habitants primitifs de tous pays, ceux qu'on nomme aussi les *aborigènes*, par rapport aux pays nouvellement découverts.

De ce mot *Indè*, nous avons dit *index* ou *indicateur*, pour le doigt qui sert à indiquer toutes choses, et surtout qui semble, par un secret instinct, comme une aiguille aimantée tournant sur son pivot, vouloir se diriger sans cesse vers cette Inde, première patrie de l'homme : tels les Mahométans, pour leurs prières, cherchent toujours à tourner leur face vers Médine, tombeau du prophète.

Ne trouvons-nous pas dans cette étymologie une explication satisfaisante, et la valeur de quelques autres mots : d'*indice*, *indication*, *induction*, traces légères ou prononcées de l'origine des choses et conséquences qu'on en peut déduire?

D'*individu*, qui signifie l'être né dans l'Inde; d'*industrie* et *industrieux*, mots qui expriment la manifestation de l'activité de l'homme, relativement à son bien-être?

A quelles sources, en effet, l'histoire fait-elle remonter les premières productions de l'industrie humaine? N'est-ce pas vers ces contrées orientales qui, par leurs richesses, n'ont cessé d'attirer les conquérants, qui ne vont guère que là où il y a beaucoup à prendre?

L'Inde était la terre de l'or et des pierres précieuses; elle était la terre féconde où la plus splendide végétation alimentait sans peine une population condensée, des animaux nombreux, ceux qui, par leurs proportions colossales, exigent la plus abondante nourriture. Sur cette terre privilégiée, les hommes manifestaient à l'aise leur industrieuse activité, et par ces toiles de coton, vêtements des habitants, toiles que l'antique Egypte employait pour linceuls de ses morts vénérés, toiles qui depuis se sont répandues dans toute l'Europe, sous le nom générique d'*indiennes*.

Les Indiens montraient leur industrie d'une manière plus éclatante encore, par ces autres tissus, mille fois plus précieux, qui tirent leur nom du pays de Cachemire. Ces tissus, déjà célèbres par la perfection du travail et de la teinture, dès les temps historiques les plus éloignés, furent toujours recherchés, et le sont encore de nos jours avec une ardeur parfois ruineuse pour les maris....

Les schalls de Cachemire, qui sont en Orient l'apanage des plus hauts dignitaires, ont souvent été payés au prix de sommes prodigieuses, et l'histoire nous raconte qu'un empereur romain fit l'acquisition d'un tapis des Indes des plus magnifiques pour une somme de plus de trois millions de nos francs.

La haute antiquité de l'industrie indienne est donc parfaitement constatée. Citons toutefois cette phrase de Pline, qui ne laisse aucun doute sur l'origine de l'industrie humaine :

« Tout ce qui est beau, brillant, délicat, vient de l'Inde, » par la navigation de la mer Rouge ! »

Mais si l'Inde était le pays de l'industrie pour certaines de ses races, selon les contrées qu'elles habitaient, pour d'autres races et d'autres contrées, à cause de la beauté même du climat, ce pays était celui de la mollesse, de la douceur des mœurs, de la nonchalance et de l'oisiveté; d'où le mot *indolence, indolent*, venant *d'indò lenis, mou, paisible, doux* à la manière des Indiens ; et probablement faut-il rattacher à cette famille de mots celui d'*indulgent, indò agens,* qui agit suivant la coutume indienne.

Une des races qui ont le plus occasionné de recherches est celle qui forme ces tribus vagabondes que l'on rencontre à-peu-près partout, qui se trouvent dans la Moselle même, affectant les environs de Bitche. Cette race reçoit plusieurs noms : Bohémiens, Gitanos, Gypsies ou Égyptiens, Zingaris ou Sincali ; eux-mêmes se donnent le nom de Romichals.

Vivant toujours dans une profonde misère, les Bohémiens excitent l'attention par la beauté de leurs formes et par leur teint basané, caractère indélébile dans cette nation. Aussi, notre grand peintre, M. Maréchal, s'est-il plu à reproduire, dans quelques-uns de ses tableaux, les types des Bohémiens les plus dignes de fixer les regards de l'artiste.

Cette race qui conserve sa nationalité, sa langue, ses lois, ses chefs, au milieu des sociétés où elle vit isolée, souvent persécutée, d'où vient-elle ?

On sait que son introduction en Europe remonte au quinzième siècle ; mais sa véritable origine on l'ignore. Quelques-uns croient que ce sont des Egyptiens provenant de tribus persanes, marchant à la suite de l'armée de Cambyse, lorsque ce monarque fit la conquête de l'Egypte. Cette croyance est fondée sur l'analogie qu'on remarque entre la taille élégante et svelte des Persans, et celle des Bohémiens, non moins pourvue d'élégance. Leurs poésies, dit-on à l'appui de cette opinion, sont pleines de leurs regrets sur la belle terre d'Egypte, et sur le fleuve qui l'arrose. Si cette origine est vraie, ne serait-il pas permis d'aller plus loin, et de dire que ceux que nous nommons Bohémiens sont des Indiens qui déjà menaient, à l'époque de Cambyse, cette vie errante et malheureuse que nous leur connaissons ? que ce sont peut-être des Parias, cette race réputée abjecte, condamnée dans l'Inde à un opprobre éternel, et dont quelques tribus ont dû fuir un pays qui leur refusait jusqu'à l'eau des fontaines ?

Des savants prétendent que les Bohémiens parlent le sanscrit, ou qu'au moyen du sanscrit l'on peut s'entendre avec eux ; s'il en était ainsi le doute ne serait plus possible.

Ce dont il n'est pas permis de douter, c'est que ces peuplades, partout, se sont montrées comme des types de misère et de pauvreté, et c'est ce qui, pour moi, révèle leur origine ; car elles ont donné naissance chez les *anciens,* plus rapprochés que nous de la source, au mot *indigens,* pour nous *indigent,* mot formé d'*indiæ gens,* nation de l'Inde.

Si cette version est adoptée en nous faisant connaître le véritable sens du mot *indigent,* elle nous dévoilerait l'origine et la haute antiquité de ces tribus nomades ; elle nous apporterait en même temps un nouveau témoignage de la persistance des traditions, et montrerait, une fois de plus, les ressources que recèlent les langues comparées pour les recherches historiques.

M'est-il permis de conclure de ces aperçus que l'Inde est la mère-patrie de l'homme ?

Si je ne consulte que moi, je dis oui..... Si je vous consulte....., mais je ne vous consulte pas : je m'en tiens à mon affirmation. Je me garde donc de vous demander, Messieurs, si j'ai réussi à vous persuader.

N'ai-je pas à craindre que les rapprochements que je viens de vous exposer ne vous paraissent qu'un stérile jeu de mots?....

Quoi qu'il en soit, je ne puis regretter les heures de calme que m'ont values ces études légères. A cette époque si mouvante où se passe notre vie, où la scène du monde change avec une rapidité qui éblouit la vue et confond la raison, je n'éprouve point de regrets d'avoir essayé ce travail. Je le regretterais d'autant moins qu'il appellerait une critique sérieuse, que même il y succomberait sous de solides raisons..... mais ainsi nous serait révélé, par des arguments irréfragables, quel fut le vrai berceau de l'humanité !

EMILE BOUCHOTTE.

*(Extrait des Mémoires de l'Académie nationale de Metz, année 1851-52.)*

www.ingramcontent.com/pod-product-compliance
Lightning Source LLC
Chambersburg PA
CBHW070451080426
42451CB00025B/2704